AF452909

CAMILLE MAUCLAIR

LE
POISON DES PIERRERIES

COMPOSITIONS DE GEORGES ROCHEGROSSE

PARIS

LIBRAIRIE DES AMATEURS

A. FERROUD

F. FERROUD, LIBRAIRE-ÉDITEUR, SUCC^R

127, BOULEVARD SAINT-GERMAIN, 127

1903

LE
POISON DES PIERRERIES

JUSTIFICATION DU TIRAGE

Nos 1 à 60. — Exemplaires sur papier du Japon ou grand Vélin d'Arches.
Nos 61 à 300. — Exemplaires sur papier Vélin d'Arches.
  12 exemplaires spéciaux sur papier de hollande, numérotés de I à XII.

Nº

CAMILLE MAUCLAIR

LE
POISON DES PIERRERIES

COMPOSITIONS DE GEORGES ROCHEGROSSE
GRAVÉES A L'EAU-FORTE EN COULEURS PAR E. DECISY

Lettre-Préface de l'Auteur

PARIS

LIBRAIRIE DES AMATEURS

A. FERROUD

F. FERROUD, LIBRAIRE-ÉDITEUR, SUCC⁰ⁿ
127, BOULEVARD SAINT-GERMAIN, 127
1903

LETTRE-PRÉFACE

A Georges Rochegrosse.

Voici, mon cher ami, un conte allégorique auquel, toutes moites de lumière orientale, tes aquarelles ont donné la brûlante beauté dont je n'espérais point le vêtir.

C'est à ton art, à ton érudition, à ton amour passionné des races évanouies que j'ai dû d'oublier l'aversion que m'en avaient inspiré tout ensemble l'éducation du collège, — qui nous peint cet admirable cycle sous des aspects si maussades et des couleurs si ternes, — et l'art académique qui le fige dans une esthétique gardant elle aussi tout le rébarbatif d'une grammaire.

Nos romantiques suppliaient qu'on les délivrât des Grecs et des Romains; tu as bien plutôt délivré ceux-ci du conventionnel dont on les affublait, et tu nous les as montrés tout frémissants de volupté dramatique, aussi proches de nos âmes que la plus intense modernité. Ainsi, lorsque, après des classes ennuyeuses, nous eûmes la curiosité de relire ces poètes d'Athènes et de Rome qu'on nous avait fait ânonner, nous les trouvâmes vivants et splendides, et nous comprîmes qu'on ne nous avait fait voir que leurs sépulcres.

Si donc ce texte rachète par quelque don de la vie son manquement au prestige suprême de l'art d'écrire, c'est à toi que l'éloge en devra faire retour. Et c'est à M. Ferroud que je devrai rendre grâce d'avoir donné, sinon à mon talent, du moins à ma vieille et profonde affection pour toi, l'occasion de s'affirmer solidaire de ta pensée et de ton art.

De mon ouvrage, il n'y a guère à dire. J'y ai mêlé, dans un décor ancien, la magie, la sensualité, l'amour et la mort. C'est un mélange sombre et éternel, un philtre plus puissant que ceux de la fée Athana, et c'est en lui que fume depuis toujours le vertige qui affole l'humanité. De ce conte l'agrément et la meilleure raison d'être seront donc, au gré du public, comme pour tant de ceux que tu as commentés, dans les rêves chatoyants que ton pinceau en fit fleurir. Ils en offriront tout le rehaut et tout le prix. Pour avoir uni nos deux noms et confié au burin si souple et si fidèle de l'excellent graveur Decisy le soin de transposer les créatures éclatantes que ta fantaisie anima, notre éditeur et ami méritera quelque rare offrande. Il est pourtant déjà riche, et cet amateur d'écrins n'a pas négligé, depuis des années, de te demander quelques belles parures grecques, carthaginoises, syriennes, telles que tu sais les choisir dans tes voyages aux pays du faste barbare, telles que tu aimes les ravir sur la chair balsamique des princesses d'autrefois. Pourtant tu as encore trouvé le moyen de l'étonner par une pierrerie nouvelle.

Imprégnée des fatals effluves du sein chaleureux

d'Alilat, c'est, cette fois, une opale étrange et maléfique.
Mais elle s'est purifiée au feu de l'abîme où la jeta le jeune
Sparyanthis ; et comme, après des siècles de légende, tu l'as
ressuscitée à la clarté de ton coloris, elle ne sera pas véné-
neuse aux doigts de notre hôte, ni à ceux des amateurs qu'il
convie à en admirer l'orient. Le poison s'est évaporé, la
pierrerie seule demeure, sertie dans un filigrane de phrases
qu'elle éclipse, et que j'eusse voulu digne d'un feu aussi
pur. Mais tous ceux qui, depuis si longtemps, ont appris en
cette maison à t'admirer et à s'émouvoir de tes trouvailles
me diront, mon cher ami, qu'il n'était donné à personne
d'égaler un joaillier pareil, et qu'il me devra suffire d'avoir
été le docile ouvrier qui, dans un coin de l'atelier, rive et
ajuste la monture au bijou choisi par le maître. Ainsi cou-
vert, à l'ombre même de l'opinion qu'ils se firent de toi et
forçant leur indulgence, je pourrai goûter sans remords le
plaisir et la fierté de l'avoir été, une fois de plus, un cordial
compagnon sur la route infinie des rêves.

CAMILLE MAUCLAIR.

LE POISON

DES PIERRERIES

L'esclave demi-nue qui soulevait la lampe de bronze s'arrêta hésitante au seuil de la chambre du prince Sparyanthis, et ses seins charmants tressaillirent : car le jeune homme qui dormait là, sur un amas de tapis et de soieries, était si beau que tous les rêves des jeunes filles du royaume avaient la forme de son corps.

Blond et blanc, dans la pénombre chaleureuse, il montrait sans voiles une nudité gracile. Sur ses bras ployés s'inclinait sa tête, comme un fruit trop lourd courbant sa branche : à son cou brillait un collier d'émeraudes, et de son cou à ses pieds ruisselaient sur les sombres étoffes les flots luisants et nacrés de sa chair, à peine ondulée par le souffle d'une respiration égale et lente y déplaçant des ombres subtiles.

Sparyanthis avait dix-huit ans. Il aimait les songes, le silence des parcs, le sommeil, la musique et la lecture, et leur consacrait une vie somptueuse et nonchalante. pendant que son frère aîné. le prince Cimmérion, robuste et belliqueux, recherchait la gloire des batailles lointaines et portait jusqu'aux régions farouches de l'Orient le renom militaire du peuple Étésien que tous deux, depuis la mort du roi leur père, pliaient sous leur volonté. Au fond du vaste palais-citadelle dont les murailles enclosaient de célèbres jardins, des lacs, des falaises de basalte couleur de nuit et de sang, et où s'ouvrait un abîme au sein duquel, disait-on, l'œil ébloui pouvait voir se refléter l'eau brûlante des enfers, au fond de ce palais-citadelle où veillait une armée, depuis de longues semaines déjà le prince Sparyanthis se distrayait avec ses jongleurs et ses femmes en attendant le retour de son frère. Annoncés par des feux aux sommets des montagnes, les premiers chariots de combat venaient enfin d'apparaître aux portes de la ville où frémissait une immense rumeur étouffée par les massives murailles et les vastes dédales des portiques précédant l'appartement de Sparyanthis. Une bande de clarté pâle s'étendait à la limite de la campagne et du ciel, et dans les intervalles des tapisseries suspendues aux arceaux, d'obliques lueurs se glissaient.

La jeune fille aux seins nus n'osait éveiller le jeune homme en jetant sur lui, selon l'usage, quelques fraîches gouttes d'eau parfumée, car il souriait, en dormant, à un rêve poursuivi, et ses lèvres s'entr'ouvraient comme pour un baiser.

Cependant la sonorité profonde des cloches de bronze convoquant les gardes dans les cours intérieures parvint faiblement, et l'esclave amoureuse et pensive allait incliner sur le beau visage de Sparyanthis le flacon d'or suspendu à sa ceinture, lorsque avec un grand soupir le dormeur s'agita et ouvrit de lui-même les yeux. Entre les cernures de fard bleuissant brillèrent ses longues prunelles de pierreries.

Il murmura en souriant :

« Que me veux-tu, jeune fille ? Et sur moi penchée, ne viens-tu que pour m'éveiller, ou pour offrir la réalité de ta chair au prolongement de mes songes ? En vérité, je rêvais que vers moi venait une femme auprès de laquelle ta beauté n'est qu'une ombre vaine. Mais je ne pouvais pas la saisir. Elle venait de lointains pays, son désir répondait au mien, quelque chose nous séparait... Je ne sais... Peut-être, refermant les yeux et touchant la fraîcheur de ton corps, en ressaisirais-je l'illusion, et si tu m'as souhaité, toi que mon caprice éveillé repousserait, hâte-toi de prendre la place d'une ombre dans le sommeil abusé de Sparyanthis, viens et tais-toi... »

Mais l'esclave soupira et dit :

« O mon maître, je suis tienne, dédaignée ou choisie. L'ordre des heures m'a seul fait oser une présence que la crainte eût défendue à mon désir : car ne repousses-tu pas de plus belles et de plus dignes, qui, comme moi, souffrent de ton orgueil et baisent ton souvenir sur les lèvres qui les violentent ? Le prince Cimmérion s'approche, l'armée touche aux portes, et c'est pourquoi je suis ici avec la lampe de bronze et la fiole d'or.

— J'attendais en rêve une femme, s'écria Sparyanthis, mais les dieux me réservaient une autre joie ! Voici que revient mon frère bien-aimé, le fort guerrier, dont la poitrine brune se couvre des écailles de bronze et dont la tête secoue la fauve aigrette d'or et de plumes audessus des foules de la guerre ! Qu'on me revête de mes soies les plus belles, que mes joyaux, du diadème aux chaussures, me fassent tout scintillant de rosée, et

qu'entre les étendards de ma terrasse j'attende, heureux, celui qui est la force de ma race et l'orgueil de
mes yeux ! »

En hâte accoururent, au geste de l'esclave, les
femmes qui devaient habiller le jeune homme. Au milieu
d'elles, nu comme une statue, riant et léger, il offrait
ses bras et son cou aux parures : un flot de broderies
alourdies d'or et de gemmes ondoya autour de ses
membres : des fleurs claires se mêlèrent à ses cheveux
blonds. Impatient, il permit à peine aux suivantes de
fermer les agrafes précieuses des cothurnes de pourpre,
car, avec le soleil, entrait dans le palais la clameur stridente des clairons de la cavalerie royale, et la sonorité
se mêlait à la lumière si joyeusement qu'on eût dit les
voir frémir d'un même vol de flèches d'or dans les
miroitants reflets de la vasque de marbre où le jeune
prince venait de se plonger.

Le bruit des chants et des acclamations faisait
retentir les colonnades, et tirait un gémissement des
boucliers suspendus en trophées, comme si ces dépouilles d'anciennes victoires protestaient contre la
nouvelle joie des vainqueurs.

« Qu'on les enlève, s'écria Sparyanthis, et qu'on
les enfouisse aux cryptes de nos arsenaux, ils n'y
gémiront plus leur plainte et leur reproche, et si du
moins persiste en leur métal un peu de l'âme de

ceux qui les portèrent, qu'elles se lamentent dans une nuit aussi profonde que celle où gisent leurs os ! Mon frère Cimmérion ramène en ses chariots une moisson assez riche pour garnir à nouveau ces spacieuses galeries ! »

Parmi les drapeaux éployés, le prince Sparyanthis parut sur les terrasses, d'où l'on découvrait la ville et l'orée des montagnes d'Étésie.

Les toits étaient couverts d'une foule non moins immense que celle qui emplissait les rues et les places, et un tumulte triomphant s'élevait par rafales avec les grands tournoiements de fumées qu'exhalaient les brasiers de parfums et les torchères alignant leurs avenues de flammes dans les masses sombres des feuillages des jardins. Au loin brillaient les armes des cavaliers et des fantassins, comme les taches de la robe d'un sinueux serpent colossal allongeant ses têtes multiples, rampant aux carrefours et s'avançant vers les majestueuses portes du palais d'où montaient en courbes spacieuses les allées bordées de remparts ou de palmes, jusqu'à l'étagement splendide des terrasses suprèmes au faîte desquelles, svelte idole de diamants, se dressait la jeune stature de Sparyanthis tendant à l'espace infini, dans la gloire du soleil, un laurier d'or. Seul, à la limite de l'azur, au bord des escaliers blancs où vibrait son ombre, il laissait derrière lui le groupe bariolé des femmes et des

musiciens, et ses yeux se perdaient dans la considération
du paysage. Des ifs noirs étaient debout comme des
glaives, auprès des boucliers d'argent qu'étaient les
bassins des parcs s'étageant à ses pieds, un frisson de
lumière, réfracté par les torses
des gardes, dessinait les cré-
neaux des enceintes suc-
cessives, et au bas de ce
trône fait d'un entas-
sement de murailles
et de dômes, la
grande cité fumait
comme dans un
assaut, toute pal-
pitante de cris,
tandis que l'étrei-
gnait plus violem-
ment à chaque mi-
nute l'enlacement du
monstre de bronze
qu'était l'armée de
Cimmérion pénétrant par
les cinq portes orientales et
perdant la sinuosité de sa croupe dans les premiers
contreforts des défilés de la montagne lointaine, bai-
gnées d'une vapeur bleuâtre. Mais surtout s'inquiétait

le regard de Sparyanthis de découvrir, en cette cohue étincelante du triomphe faisant bouillonner la foule entre les blancs rivages des maisons, le char de guerre où son frère se dressait. Car Sparyanthis aimait profondément son frère. Leurs âmes étaient unies étroitement. Sparyanthis était efféminé, faible, dissolu, mais sagace et savant, le salut du royaume reposait sur quelques secrets magiques que les anciens rois de l'Étésie avaient obtenus des dieux, et seul Sparyanthis savait en comprendre tout à fait la valeur sacrée.

Cimmérion, fait pour les armes, se reconnaissait moins subtil que son frère, et ils s'aimaient mutuellement pour leur faiblesse et leur force. L'aîné, rude et presque chaste, chérissait comme une épouse aux sages conseils l'adolescent frêle au cerveau empli de visions, et tendrement excusait sa luxure et son afféterie. Le plus jeune s'enthousiasmait pour la force fraternelle, et à eux deux, ils étaient les maîtres et les chefs d'un peuple soumis. La nuit, en voyant s'illuminer les galeries extrêmes des palais où Sparyanthis s'enfermait avec les mages autant qu'avec les femmes et, tourné vers le ciel, parmi les instruments d'une science inconnue, poursuivait par l'amour autant que par le songe la recherche des volontés firmamentales, les Étésiens savaient que l'âme tutélaire de leur race veillait au milieu de l'orgie. Et le jour, inclinés devant le prince Cimmérion ordonnant toutes choses, debout comme une statue de la guerre, ils savaient saluer sans avilissement la force étésienne incarnée en son superbe fils. La conquête récente du seul royaume voisin qui pût vraiment recéler un péril, conquête dont quelques jours auparavant des courriers avaient apporté la nouvelle, assurait définitivement le prestige du règne. Ce jour était la promesse d'une gloire totale. La situation de l'Étésie, au cœur d'une contrée entourée de colossales chaînes de montagnes, l'isolerait pour des siècles peut-être des convoitises de lointaines nations, occupées de subjuguer les rivages des mers intérieures par la force de leurs flottes, et sachant à peine ce qui pouvait exister au delà de ces monts abrupts. Ces pensées heureuses emplissaient l'âme du prince méditant, bercées par les chants des violes, aussi légères que les parfums, et comme tout en l'âme de Sparyanthis se référait à la forme féminine de la beauté, comme toutes ses joies ressemblaient plus ou moins à la douceur goûtée dans l'étreinte d'un corps, il mêlait confusément à l'image de son triomphe, dans cette matinée éclatante succédant aux rêves de l'aube, le souvenir de la femme entrevue dans le sommeil, et le souvenir de cette grande forme blanche se dessinait en ondoyant devant ses prunelles éblouies par le dansant mirage des paillettes de l'azur embaumé de soleil.

Enfin surgirent aux terrasses les torses maillés d'or
des gardes élevant les courbes buccins comme des
géants coquillages de bronze ; aux saillies des joues gon-
flées gicla la flamme hurlante des sonneries militaires,
flammes et bronze identifiant leur éclat comme si la
fanfare elle-même, matérialisée dans le métal, eût brillé
au poing des hommes cambrés en leur effort. Un ton-
nerre de tambours gronda : ayant aux deux hanches,
fixées aux plis de la ceinture d'étoffe, deux gerbes de
flèches à plumes bleues, apparurent les archers à
turbans, souples comme des femmes dans leurs demi-
cuirasses d'écailles, et déjà émergeaient des degrés les
cimiers octogonaux des porteurs de haches nimbés
par leurs disques d'acier, un buisson de lances s'étoila
des fleurs rouges des aigrettes, et un flot de princes aux
courts manteaux de peau blanche, vêtus des blancs reflets
de leurs manteaux sur leurs armures d'argent, exalta le
demi-cercle des épées brandies en saluant l'enfant de
diamants et d'émeraudes tendant les mains à leur hom-
mage, puis s'écarta !

Seul, gigantesque scarabée de métal sombre, sans
insignes et sans joyaux, sa grande chevelure brune
débordant du casque où tremblait un unique faisceau
de lames d'or, rejetant sa cape de guerre, le prince
Cimmérion souriait à son frère Sparyanthis qui, avec un
grand cri, l'étreignit, se jetant sur sa large poitrine,

froissant ses broderies aux dures plaques de la cuirasse
et à la chaîne de la lourde épée, tandis que les bras

fraternels l'enserraient. L'acclamation unanime se tut
brusquement pour respecter la majesté de ce baiser des
princes, puis, quand ils se désunirent enfin, éclata plus
formidable encore, magnifiée par les fanfares. Le

cortège des capitaines s'unit à celui des mages et des
femmes, et les princes, après un signe d'adieu suprême
au peuple dont les milliers de visages criaient vers leur
double silhouette dominant l'horizon, pénétrèrent dans
les vestibules jonchés de fleurs.

Déjà bruissaient les vaisselles luxueuses des festins
et l'enchantement des jardins et des portiques préludait
à une ivresse de beauté plus captivante encore selon
l'ingénieux et voluptueux génie de Sparyanthis, qui avait
préparé aux vainqueurs le contraste des plus violents
et des plus suaves plaisirs. La fête s'exalta. L'Étésie
entière s'abandonnait à la joie et à l'enthousiasme :
sous les yeux de la foule attablée dans les rues, gorgée
de mets par les soins des intendants princiers, défi-
lèrent les innombrables chariots de butin et les cohortes
de captifs dont s'étonnaient les femmes, et les danses
et les chants devaient se prolonger jusqu'à l'aurore
prochaine en une immense nuitée d'amour, tandis que
les mages réunis autour des autels s'appliqueraient par
leurs prières et leurs études à conjurer le malheur futur
que les destins ne sauraient manquer de préparer pour
compenser une heure aussi belle. Cependant, sur le
haut lit de repos qui dominait la salle où s'assemblaient
les généraux et les dignitaires, dédaignant de manger,
Sparyanthis et Cimmérion s'entretenaient avec ferveur.
Étendus sur un amas d'oriflammes conquises, sous un

dais improvisé avec des boucliers et des armures de
chefs vaincus, ils goûtaient la joie de se revoir. Cimmérion racontait la conquête, les fleuves franchis sous une
pluie de javelines, les cavaleries dispersées, les combats
dans les forêts en feu, les catapultes ouvrant les murailles, les assauts, les viols, le sang, les sanctuaires
forcés, et son rire faisait osciller sa face léonine que
rayait, rouge encore, la cicatrice fraîche d'un coup
d'estoc arrêté par le frontal du casque. Sparyanthis
racontait ses subtiles pensées, ses méditations en compagnie des mages, ses incantations, ses luxures et ses
rêves. Et soudain il sourit, parce que l'image de la
femme qu'il avait imaginée quelques heures auparavant
réapparut dans sa mémoire, et comme Cimmérion lui
demandait ce que signifiait ce sourire, il l'expliqua :

« O mon frère, dit-il en terminant, ce rêve
m'annonçait un bonheur sous la forme d'une femme :
j'ignorais alors que l'armée fût si proche, et que ce
bonheur, ce fût celui de ton retour, présagé par cette
illusoire messagère. »

Ce fut alors Cimmérion qui sourit et répondit :

« O Sparyanthis, mon jeune frère à l'esprit subtil,
cette messagère n'était peut-être point illusoire, et si elle
annonçait ma venue, peut-être n'était-elle point pour
cela séparée de la vie réelle, et son visage, ô Sparyanthis,
ne fit-il que précéder celui de ton frère sans être moins

vivant que lui. Le moment est venu de te dire une chose chère à mon cœur si rude, une chose dont le bouclier ni la cuirasse n'ont pu me défendre.

— Que veux-tu dire, ô Cimmérion ?

— Permets, acheva le prince en souriant encore, que j'éprouve, moi qui n'entends point la magie, la réalité de ton rêve. »

Il fit un signe à un officier. Quelques instants après, une tenture se souleva, et une femme voilée parut et se tint immobile.

« Connais maintenant, ô frère bien-aimé, le visage que recèle ce voile », dit Cimmérion en le soulevant sans brusquerie. Sparyanthis, surpris, considéra l'inconnue. Mais à peine eut-il posé son regard sur elle qu'il frémit, et que toute son âme changea : car celle qui se dressait devant lui, et qu'il n'avait jamais vue en aucun lieu de la terre, était l'être lui-même qu'il avait désiré en songe, ainsi que le disait en plaisantant Cimmérion inconscient de la portée de ses paroles. Et la coïncidence de cette beauté merveilleuse, ici vivante et taciturne, avec la beauté du rêve, avait quelque chose de mystérieux et de terrible.

« O Sparyanthis ! dit alors Cimmérion, voici mon épouse, et si ton rêve la prévit au moment même où l'on venait t'annoncer mon retour, c'est que les dieux voulaient, dès cette minute, associer son image à celle

du frère que tu n'avais pas revu. Mais est-ce bien elle que tu rêvas ? »

A l'instant, une obscure intuition étreignit le cœur de Sparyanthis, une ombre passa sur son esprit, et il sentit pour la première fois la nécessité de mentir à son frère Cimmérion, sans la comprendre encore.

« Ce n'était pas elle, ô mon frère, dit-il en riant, mais sans doute quelque fantôme issu de mon imagination prompte à la volupté ! »

A ces mots, il regarda froidement l'inconnue, mais il lut dans ses yeux un démenti si singulier, si violent, si impressionnant, il se sentit pénétré dans le cœur même de son mensonge avec une telle acuité, qu'il ressentit presque de la haine, cependant que Cimmérion, incapable d'interpréter cet échange de regards, disait :

« Le sort de la guerre m'a donné cette Alilat, princesse de race royale, et sa beauté m'a ému. Je ne l'amène pas ici en captive, mais elle sera ta sœur, ô Sparyanthis, si ce qui m'est cher t'est cher. En elle réside l'espérance de ma race, et si je meurs, qu'avec toi elle soit maîtresse de l'Étésie.

— Que cela soit, ô Cimmérion ! » dit Sparyanthis Et il se jeta dans les bras de son aîné et l'embrassa sur l'épaule et sur le front selon le rite du serment de fidélité, pour cacher le trouble étrange qui l'envahissait, pendant que la merveilleuse étrangère, debout devant eux, immobile, les considérait en silence.

Quelques jours après furent célébrées les noces de la princesse Alilat et du prince Cimmérion, et la vie du palais reprit son cours ordinaire. Cimmérion s'adonna aux chasses dans les loisirs que lui laissaient les affaires de la cité; Sparyanthis, parmi les mages et les femmes, poursuivit sa chère existence de songes et de baisers. La princesse Alilat était confinée dans des appartements très éloignés des siens. Leurs deux palais s'ouvraient aux deux extrémités d'un vaste bois touffu et ténébreux. Ils ne se voyaient qu'en présence du prince aîné, aux heures des festins, dans le conseil de l'État étésien, et ils ne se parlaient presque pas. Pendant assez longtemps Sparyanthis, les soirs, interrogea ses cristaux magiques et ses tables rituelles pour savoir si la femme de son frère avait pu deviner qu'il l'avait réellement vue en songe, ou si le lourd regard presque provocant qu'elle avait attaché au sien n'était dû qu'au hasard. Mais il ne put le découvrir. Que la princesse Alilat lui fût apparue, Sparyanthis n'en pouvait douter : mais qu'elle le sût et eût discerné son mensonge, il ne pouvait l'admettre. L'esprit simple de Cimmérion avait interprété cette apparition comme celle d'un heureux

présage, et la réponse mensongère l'eût en tout cas
rassuré. Il n'en était pas moins vrai que déjà deux chaî-
nons d'un lien mystérieux existaient entre Sparyanthis
et Alilat, un rêve et un mensonge se commandant l'un
l'autre. Sparyanthis savait qu'il avait désiré dans le sommeil cette beauté soudain survenue, comme si son
frère lui avait ramené une fiancée annoncée par les
dieux. Devant la joie innocente du guerrier à l'âme
primitive présentant celle qu'il aimait, comment Sparyanthis n'eût-il pas menti, comment, ayant eu l'impru-
dence de raconter sa vision, eût-il certifié une ressem-
blance qui eût jeté le trouble dans cette âme confiante
du vainqueur? Il fallait qu'il dissimulât et ne s'en
repentait point. Mais comment Alilat l'avait-elle pénétré?
Là était le secret, là le nuage de péril. Sparyanthis
n'aimait point Alilat, malgré le désir de son sommeil.
Il s'appliquait à étudier sa beauté. Elle était extraordinaire. Jamais femme si blanche n'était apparue en
Étésie. Cette blancheur de peau était plutôt celle d'une
fée des ondes que d'une mortelle. Accoudé sur un
coussin de soie, ou sur le socle de marbre d'une statue,
le bras nu d'Alilat semblait s'appuyer sur une surface
d'or ou d'ambre, et pourtant cette pâleur n'avait rien
de la tombe, mais se révélait vivante et chaude. Il y
avait dans la démarche et les attitudes d'Alilat, outre
une harmonie facile à deviner, une inexprimable

nonchalance. Elle marchait moins qu'elle n'ondulait, et quand la mémoire avait évoqué le gonflement du cou de la tourterelle, les palpitations du corps des serpents énormes, et l'inflexion de certains roseaux, elle n'avait rien exprimé qui peignît cette indicible caresse de la

chair imbue de sève, le déroulement de cet organisme qui lorsque Alilat s'asseyait semblait se déverser avec lenteur comme un fleuve de lait et de lys émané d'une source mystérieuse et pure. Cette blancheur irradiait dans la pénombre des portiques, et paraissait traverser les étoffes précieuses dont la princesse se vêtait. Enfin le visage lui-même était surprenant sans qu'on sût pourquoi. Les Étésiens s'étonnaient de ces yeux très rapprochés, ouvrant deux gouffres d'eau verdâtre, auprès d'un nez étroit et volontaire, sous l'arcade jumelle de sourcils versant une ombre lourde, et la rougeur inusitée, presque noire, des lèvres de sang les inquiétait dans la pâleur immaculée de ce visage ovale. Le sang oriental d'Alilat se décelait à leurs yeux surpris de montagnards blonds aimant les femmes aux bouches roses et aux joues vivement colorées.

Il émanait d'elle une suggestion de volupté intense que démentait la froideur minérale de ses prunelles pensives et la dureté de sa bouche crispée. Passive aux désirs de Cimmérion, elle gardait une dignité presque fatidique, le secret d'une passion dont nul ne saurait les dédales et qui dormait en elle comme un palais de pierre noire. Peut-être personne n'avait-il su emplir ces voûtes abstraites et lugubres de l'écho d'un nom. Il ne semblait pas qu'Alilat gardât le souvenir et la haine de sa race détruite et de son corps saisi par le prince conquérant : indifférente elle était passée d'un pays à l'autre, insensible comme un symbole qui ne se sait pas profané, et qui garde la même splendeur aux voûtes des temples où viennent l'admirer ses vainqueurs qu'aux sanctuaires où son culte enorgueillissait les vaincus. Sparyanthis était presque surpris de ne point s'émouvoir de cette beauté d'Alilat vers qui son long ennui des femmes obtenues avait, dans la douceur des rêves, exprimé l'ardente ingénuité d'un désir. Qu'elle fût chère à son frère bien-aimé, cela contentait la logique de son esprit, mais sans expliquer l'aversion singulière de son corps, jusqu'ici fidèle à toutes les attractions charnelles, et faisant de l'amour l'unique ressort des actes et des pensées.

Existait-il donc entre elle et son image rêvée une dissemblance? Non, puisque à n'en pas douter elle avait fait entendre à Sparyanthis qu'elle savait la corrélation du présage et d'elle-même et que le pli crispé de son sourire l'avait signifié impérieusement au delà du mensonge. Sparyanthis souvent y pensa. Seul peut-être entre tous les devins de l'Étésie, il entrevoyait l'existence d'une région semi-céleste où s'accomplissent des réunions, où se constatent des identités dont les êtres, sur la terre, ne font que témoigner la réalité par leurs apparences. Lié à Alilat par le mensonge et la prescience, il songeait moins à briser ce lien qu'à en limiter l'allongement dans l'avenir.

Cependant coulèrent les jours et les semaines. Parmi les favorites de Sparyanthis prédominait maintenant l'esclave qui l'avait éveillé le matin du retour de Cimmérion. Il avait daigné cueillir tardivement cette fleur vierge, et se divertissait à en faner savamment le charme frais dans le mystère étouffant des galeries

obscures et parfumées où se complaisait sa vie énervante.
Rarement Sparyanthis les quittait pour revêtir son corps
de robes féminines et aller respirer l'atmosphère plus
naturelle et plus fraîche des bois ombreux qui entouraient son pavillon. Escorté de musiciens et de jeunes
gens qui portaient des éventails, des écrans, des encen-
soirs, il se rendait, par les allées sinueuses où l'art des
jardiniers acclimatait des aloès, des palmiers et des fleurs
d'Orient, jusqu'à un bassin en forme de demi-lune,
complètement bordé d'une haute muraille d'ifs taillés, au
sein desquels s'ouvrait comme un regard sa nappe d'eau
aromatisée, immuable et silencieuse. Là s'éjouissait la
fantaisie de Sparyanthis à étudier les reflets des nudités qu'il invitait aux libertés du bain et parmi les-
quelles sa jeune maîtresse excitait l'admiration, jusqu'à
ce que le prince, ordonnant la mimique de quelques
fables amoureuses, poussât jusqu'à l'extrême réalisation
la folâtre esquisse des désirs longuement contenus. Ces
fêtes étaient l'amusement favori de Sparyanthis, Cimmérion n'y assistait jamais, dédaignant la volupté délicate
qui amollit les muscles d'un homme de guerre, et on
parlait avec précaution parmi les Étésiens de ces conciles
impudiques où l'adolescent nu, plus beau et plus blanc
que toutes les femmes, avec sa chevelure poudrée de
mica et son large collier d'émeraudes, dieu nonchalant
aux paupières fardées, semblait poursuivre dans la con-

templation des multiples enlacements le secret des
courbes, des rythmes et des formes unies, le point où
du froissement de la chair enfiévrée jaillit l'idée elle-
même de l'amour, de l'infini s'évadant du fini.

Il advint que la princesse Alilat désira connaître
ces jeux et charmer son regard de la beauté mêlée
des esclaves : car dans son pays comme en Étésie les
choses de la chair étaient distinctes de la pudeur, vertu
réservée aux personnages de haut rang et n'ayant aucun
sens relativement aux êtres inférieurs, dont les caprices
sensuels n'importaient point. Alilat fit prévenir Sparyanthis, qui satisfit à son désir. Elle parut, avec ses femmes,
grave en une longue robe noire aux fleurs violettes, et
tandis que, sur son ordre, ses suivantes s'associaient à
la cérémonie exquise et impure du bain, elle s'assit
auprès de Sparyanthis. L'adolescent en ses molles chla-
mydes semblait, ambigu par les joyaux et le visage
imberbe à l'épiderme floral, une sœur plus jeune de
cette pâle et sérieuse princesse aux yeux farouches.
Tous deux, emplis d'un même respect pour le sens
religieux de la luxure, regardaient sans ennui et sans
sourire le lent tournoiement des formes nues, des
jeunes hommes et des jeunes femmes enlacés, contour-
nant la margelle de porphyre de la vasque ou dissi-
mulant à demi dans les voiles de l'eau lucide la réunion
soupirante de leurs formes, tandis qu'adossés au fond

noirâtre des murailles de cyprès, comme autant de bouquets de roses changés en statues, attendaient d'autres esclaves, et que s'élevait en souffles ou en rires l'étrange et prenante musique, dissimulée dans les feuillages, dont Sparyanthis lui-même s'était plu à scander les rythmes et à composer les cadences.

Par instants, le visage impérieux d'Alilat se détournait vers le sien, et ils se considéraient froidement, sans parler, comme retenant une pensée qu'ils ne voulaient point dire.

Enfin, Alilat félicita Sparyanthis sur la charmante beauté des formes de sa favorite, et lui demanda depuis quelle époque il l'avait distinguée.

— C'est, dit nonchalamment Sparyanthis, depuis le jour ou mon frère Cimmérion revint, vous ramenant avec lui de la guerre. Elle m'éveilla pour m'annoncer son retour, et sa grâce unie dans mon esprit à la bonne nouvelle qu'elle m'apportait, me parut plus douce. Aussi décidai-je en mon cœur d'élire celle-ci parmi toutes celles qui dans les appartements de mon palais attendaient mon caprice : avec elle passerai-je une saison jusqu'à ce que, son arome lassant ma curiosité, je la relègue parmi celles qui ne sont plus pour moi que des formes, mêlées à d'autres pour le plaisir de mes yeux, mais éloignées de ma couche.

— Heureuse sera-t-elle, dit mélancoliquement Alilat,

d'avoir au moins connu la saison de son désir. Car n'êtes-vous point désiré de toutes vos sujettes ? ajouta-t-elle avec ironie. Combien d'entre elles, jeunes filles de haut rang, vivant libres dans les palais de vos dignitaires, destinées à enrichir les demeures de capitaines glorieux ou de savants renommés, échangeraient avec joie le patriciat contre l'honneur d'être esclaves en vos sombres portiques, attendant l'heure de dissiper votre ennui et de parfumer votre sommeil ! Toutes, assurément, vous pensent le plus beau des Étésiens. Mais dites-moi, prince, si cette jeune femme, le jour où elle vous éveilla, vous annonçant la bonne nouvelle, ne brisa pas en vous le spectacle d'un songe ? Il me semble que votre frère m'a parlé d'une telle circonstance...

Sparyanthis, troublé, considéra l'impénétrable visage d'Alilat, et répondit :

— Je rêvais, en effet, un songe d'amour me visitait. Peut-être sans m'en douter, la présence de cette esclave me le suggérait-elle...

— N'était-ce pas plutôt, dit alors Alilat avec une expression mystérieuse et menaçante, n'était-ce pas plutôt, Sparyanthis, mon propre visage qui vous apparaissait, alors que je revenais bientôt épouse mais pourtant captive encore, dans une litière, parmi le dur cliquetis des armes ? Alors que j'attendais de voir paraître à la suprême terrasse de ce gigantesque palais votre

chagrasse

frêle silhouette d'or saluant le retour fraternel, n'était-ce
pas déjà mon image qui venait à votre rencontre, et, heureuse, vous souriait dans le sommeil ? Pourquoi mentir,
ô Sparyanthis ! Pourquoi même me répondre et m'interroger davantage, et me demander comment j'ai pu
savoir ce secret ? Je suis d'une race qui comprend les
arcanes et dispose des puissances, et si mon image vous
parvint, c'est que je le voulus. Sortie de moi, Sparyanthis, elle s'est attachée à votre âme et malgré vous elle
s'interposera dans vos baisers, car nous sommes de
même sang, ô Sparyanthis, du sang des divinateurs, et
la conquête de votre frère n'a fait que nous joindre,
et c'est pour m'amener à vous qu'il a combattu !

— Oubliez-vous, dit Sparyanthis irrité, que vous êtes
la femme de mon frère, et que d'un mot... Qu'il me
suffise de répondre que je ne vous aime pas. Oui certes
je vous ai vue en songe, et j'ai menti pour rassurer mon
frère ; mais vous n'oserez révéler cette imposture, et
ainsi s'anéantira votre orgueil. Au reste, Alilat, vous
êtes trop belle et trop profonde pour qu'entre nous
subsiste un vain ressentiment, et vous savez bien que
vous ayant désirée en songe, je n'ai que faire de votre
réalité : car aux êtres ennuyés et suprêmes que nous
sommes, lassés d'avoir tout obtenu, la réalité est le
décor imparfait des songes.

— Insensé, dit Alilat brusquement, tu m'as désirée,

en rêve, mais tu ne m'as pas eue, et ton désir me vengera de ton ennui, et tu n'oseras pas l'avouer à ton frère.

— J'aime mon frère Cimmérion, dit Sparyanthis.

— Mais nous sommes faits l'un pour l'autre, au-dessus de cet esprit grossier qui ne comprend que la force des armes, et tu le sais, ô Sparyanthis, ô jeune homme inspiré par le vieux génie subtil, violateur et triste de mon Orient !

Le prince Sparyanthis frémit, mais déjà Alilat s'était levée, et, s'inclinant devant lui avec l'afféterie des saluts rituels, long serpent noir et violacé traînant ses replis de satin, elle s'éloignait parmi les porteurs de parasols, dans l'ombre des cyprès de bronze, tandis que la considérait Sparyanthis, soucieux et pâle, environné des blanches nudités des jeunes hommes et des femmes. Et c'était comme si toutes les blancheurs secrètes du corps d'Alilat s'étaient matérialisées et demeuraient sur ses traces, vains simulacres, ébauches imparfaites d'une beauté qu'elle entraînait au rythme de sa démarche impérieuse, au secret ondoyant de ses robes closes. Et au moment où elle disparaissait dans l'ombre des dômes de feuilles noires, l'eau du bassin se teignit du sang surnaturel du crépuscule, mourant au ciel qu'intercep-taient les ramures.

Désormais une pensée vécut avec Sparyanthis, et se

coucha parmi les étoffes luxueuses de son lit, et siégea près de lui dans les nuits d'étude, et fut comme son ombre, et ne s'en alla plus.

Cette pensée, mêlée d'amour et de superstition, était comme une chose matérielle et vivante. Tantôt elle enfiévrait Sparyanthis et comme pour la briser, dans les minutes de volupté, il étreignait avec une violence méchante les jeunes torses unis au sien en serrant les lèvres de peur de prononcer tout haut le nom exécré qu'il invoquait tout bas. Tantôt c'était comme la brûlure d'une poignée de neige posée au milieu de son cœur et l'étouffant. Tantôt c'était une image dansante qui se substituait à la sienne et venait à sa rencontre dans les miroirs, ou se dessinait au sein des airs dans les myriades d'étincelles d'or du plein midi : et tantôt c'était une lente et froide présence glissante qui errait dans les ténèbres comme une divinité de pays inconnus cherchant un asile dans les âmes effrayées.

La toute-puissance de sa croyance à la réalisation des songes emplissait l'esprit de Sparyanthis, et tous ses plaisirs avaient toujours eu pour lui le goût sauvage et enivrant de la fatalité. L'amour d'Alilat violentait sa volonté subtile et l'attirait d'autant plus qu'il avait commencé par refuser son désir sous la forme habituelle. Si son rêve avait pu la lui donner complètement, il ne s'en fût peut-être pas souvenu au réveil. Mais la ques-

tion posée dans l'invisible était restée en suspens au
bord de la réalité, et c'était la réponse qu'y apportait
la vivante présence d'Alilat apparue au milieu des
armées, sur la clameur triomphante des trompettes,
dans le faste des étendards, aux bras d'un autre
que le rêve n'avait pas choisi. Elle le savait, et cette
connaissance était comme un aimant qui saisissait l'esprit de Sparyanthis et le tirait vers elle hors de sa chair.
Désormais Alilat, par delà les portiques et les vastes
détours des parcs, fut comme une pierre d'aimant,
cachée mais irrésistible. Femme, il l'eût dédaignée ;
symbole d'une volonté divine et fatale, il la souhaita
comme il avait pendant tant de nuits astrologiques
souhaité l'inconnu dont elle se révélait un des pôles. Il
usa vainement ses désirs sur de jeunes chairs dociles.
Elles lui semblaient des fruits savoureux. Mais sur
l'allégement de la volupté, dans les heures lassées de
l'après-midi, le fantôme d'Alilat flottait, plus tyranni-
quement spirituel. Les incantations qu'il essaya échouè-
rent. Plusieurs fois, l'ayant suscitée aux miroirs où
l'apparition d'un visage annonce la mort prochaine de
l'être qui le montre, il vit s'ébaucher la silhouette de
la magicienne, mais les miroirs se fendirent, et il perçut
une sorte de ricanement ironique. Ayant dessiné, par la
force de sa science, la courbe de cette existence détestée,
et ayant tenté de la confondre aux linéaments qui

signifient la mort, il vit cette mince sinuosité rejoindre
invariablement la sienne et nouer avec elle, sur le
tableau magique, le signe qui est le chiffre de l'indisso-
luble. Sans doute, retirée en ses appartements lointains,
l'Orientale poursuivait-elle son œuvre mystérieuse, en
invoquant des génies plus puissants que ceux de
l'Étésie.

Sparyanthis souffrit. Il pensait à son frère Cimmérion
qu'il aimait et qui avait ramené dans le palais un principe de mort et de désespérance, en croyant y ramener
la joie.

A certaines heures, il songeait à lui dire l'aveu
d'amour de la princesse Alilat. Puis, il reculait à
l'idée de détruire ainsi le bonheur de son frère ; et il
savourait aussitôt, en un furieux sursaut de remords et
de convoitise qu'il ne saurait arracher de son cœur,
une haine farouche en voyant Alilat exilée ou suppli-
ciée par la colère cruelle de Cimmérion. Puis une
révolte lui naissait contre l'inconscience du soldat qui
revenait de ses chasses favorites, les soirs, cambré dans
sa jaque de cuir souillée de sang, faisant sonner ses
jambières de bronze, surgi l'épieu au poing parmi ses
officiers boueux et hâlés et l'encombrement des esclaves
traînant aux dalles des vestibules les animaux égorgés.
Alilat lui offrait la coupe, avec son sourire calme et
sa grâce hautaine, et parfois, écartant d'un geste ses

capitaines, l'homme au torse noueux étreignait la blanche
épouse et laissait à sa gorge des traces rouges, sans

soupçonner les pen-
sées adultères et la
haine recélée sous
cette chair introublée
et splendide. Sparyan-
this savait ces bruta-
lités soudaines du
porte-glaive. Lui aussi
avait respiré sur cette
poitrine cuirassée l'o-
deur du meurtre, avec
une ivresse d'enfant
débile admirant la
force, mais il y pen-
sait sans jalousie, et
son esprit se figurait
avec une netteté in-
tense la consommation
de ce désir, la grande
princesse pâle renver-
sée dans le désordre
des tentures sous les
baisers impérieux de Cimmérion, sans que son corps
s'en révoltât. Alilat avait subjugué la pensée de

Sparyanthis avant tout, et l'idée que Cimmérion ne
posséderait jamais celle d'Alilat lui donnait une émo-
tion de joie douloureuse. Elle avait dit vrai, du fond
de son âme de mystère : ils étaient faits tous les deux
pour l'union spirituelle, pour la prédominance magique
orientant l'Étésie vers des destins merveilleux, en faisant
le centre d'un monde talismanique contre lequel nulle
levée de glaives ne prévaudrait...

Ainsi peu à peu entraient dans Sparyanthis des sentiments nouveaux, dont s'étonnait son âme inquiète, et
c'était comme la découverte en lui-même de formes
inusitées de l'amour. Un mysticisme étrange, longtemps
et vainement cherché dans la volupté, se dévoilait à
ses yeux : il en eût parlé sans gêne à son frère s'il
l'avait su intelligent, mais Cimmérion n'eût pu comprendre, et ainsi l'amour de Sparyanthis pour Alilat,
peu à peu surélevé au-dessus de la chair, s'accroissait en
force de secret. Il lui devenait presque légitime de
cacher cette réunion d'âmes que la fureur aveugle de
l'époux eût broyée dans un meurtre injuste. Dans ses
méditations solitaires, Sparyanthis atteignait à des révéla-
tions telles que seuls les mages venus du fond de l'Asie,
les voyageurs ayant connu la Grèce, écoutés avidement
par lui lorsqu'ils passaient en Étésie, avaient pu lui en
faire pressentir l'essence. Du désir barbare, satisfait de
la pénétration de la chair, était née, comme une fleur

monstrueuse et splendide, l'intuition d'une pénétration plus efficace et plus profonde. Mais en même temps était morte l'amitié de Sparyanthis pour Cimmérion, il jugeait son frère, il ne concevait plus leur force et leur science comme deux conditions égales. son âme s'éloignait vers des régions où la spiritualité devait planer sans mélange, et il souffrait de ces luttes et de ces scrupules.

Farouche devint son existence, soutirée invisiblement. Il languissait dans les débauches, inactif. Vainement se montraient à lui les créatures animalement heureuses qui avaient jadis aidé à l'ascension de son âme : à présent, ayant dépassé la somme de rêves que donne l'excès du spasme, il le jugeait superflu. Au lieu d'extraire de toute femme la seconde d'infini qu'elle recèle, inconsciente, au pur écrin de son corps, il s'irritait de trouver toute chair limitée et impuissante, la seule pensée d'Alilat lui donnait une ivresse plus vaste ; et il tentait de la posséder en rêve pour se libérer de cette fascination. Il somnolait, excédé de parfums, et ses vaines tentatives étaient suivies de crises de colère contre la pâle enchanteresse qui lui avait pris son bonheur instinctif de Barbare en éveillant en lui le vertige de l'absolu. Il se comprenait isolé de tous, poussé par son génie et l'impulsion passionnelle à une série de pensées inconnues de toute sa race, et de singulières cruautés naissaient en lui. On le voyait errer, préoccupé, amaigri, écartant les jeunes filles offertes, et le goût des baisers l'écœurait. Il y avait une pâleur terrible sur sa face de beauté; avec son gorgerin d'émeraudes et ses bracelets de joaillerie cerclant ses bras minces, il semblait, nu et blanc, sa propre effigie d'ivoire. Consternées, ses favorites vivaient dans une angoisse morne. Tantôt il faisait taire ses musiciens, et tantôt il leur commandait de jouer des danses violentes, et avec un défi frénétique il les lançait jusqu'à la limite des parcs, comme pour porter à Alilat l'annonce d'une insouciance ironique que démentait le tumulte de son âme.

L'implacable désir d'Alilat allait vers le jeune homme avec la rectitude inouïe que donne la simplicité du fatalisme. Il lui plaisait, parce qu'il incarnait les deux sentiments les plus délicieux qu'elle connût, ceux qui sont comme deux ailes enveloppant toute la couvée des émotions humaines : la haine et l'amour. Obtenir Sparyanthis serait se venger de Cimmérion, et cette vengeance, exprimée par un baiser, serait la plus exquise de toutes. L'orgueil de sa race détruite renaîtrait en la personne de la dernière fille des rois, humiliée, captive, jetée dans la couche du vainqueur et soudain redressée, vengeresse; toute conquête faite sur l'âme et les sens de Sparyanthis serait enlevée à l'âme et aux sens de Cimmérion, et dans Sparyanthis lui-même en éveillant

la joie de l'amour, elle ferait souffrir le frère du conquérant de sa patrie. Alilat voulait cet adultère triomphant,
elle attendait le soir propice où elle baiserait sa vengeance sur la bouche, et elle aimait éperdument Sparyanthis parce que son désir se contenterait en le faisant
souffrir. Elle ne se hâtait point de le voir, certaine de la
marche, en lui, du poison que son audacieuse parole
avait versé. Exécré comme fils d'une race usurpatrice
et frère de la brute armée dont elle subissait l'étreinte,
Sparyanthis, dans l'amour d'Alilat, s'identifiait à la vengeance espérée, adorée, mûrie comme un fruit aux
profondeurs de son âme ardente, et elle sentait qu'à lui
elle se donnerait sincèrement et toute, comme à la vengeance elle-même que sa défaite de frère incarnerait. En
même temps elle laissait parler en elle sa soif de cette
beauté tendre et curieuse, assouplie dans les baumes
de la volupté, rare et passive, à qui le remords donnait
une saveur nouvelle, et dont le caractère efféminé plaisait à son énergie de femme pensive, révoltée du mâle.

L'instant vint où Sparyanthis ne résista plus à la
force du destin.

Ce fut dans un chaud crépuscule où, triste, il s'était
rendu seul auprès d'un large étang où, du sein d'une
architecture de pierre, s'élançaient sept jets d'eau, in-
vention merveilleuse qu'un prisonnier syrien avait jadis
installée dans le jardin royal. Ces jets d'eau étaient

comme les âmes du palais. Ils vivaient dès l'aurore et mouraient à la nuit tombante, lorsque le dernier cri scandé par les gardes de l'heure annonçait la période du silence. Souvent Sparyanthis aimait à les voir mourir un par un, avec un soupir suprême, comme des paons blancs irradiant leur roue diaphane. C'était pour lui la cause de mille images, qu'il les comparât à des fleurs, ou à des glaives, ou à des serpents, qu'il y vît le symbole de l'amour expirant à la limite du ciel impassible, ou qu'il les imaginât comme les jaillissements d'une souterraine mine de pierreries allant enrichir l'azur d'une myriade d'étoiles nouvelles. Ce soir-là, il sentit avec désolation que ces jets d'eau étaient les signes mêmes de ses scrupules, enlacés avec force, éparpillés, dissociés, brisés contre la pâleur de perle d'un ciel qui avait la couleur merveilleuse de la chair d'Alilat, puis retombés avec un doux bruit de sanglots. Et, tandis qu'il rêvait, l'un des élans se brisa, devint nul, rentra dans les ténèbres naissantes, puis un second, puis un troisième. Et au bord de la margelle marchait Sparyanthis le cœur battant, comme pour suivre leurs morts successives, et tout le jeu splendide de ces jets d'eau était celui d'une clepsydre immense notant les minutes suprêmes de son crime consenti, et ils retombaient avec la lourdeur de la fatalité elle-même, fracassant le miroir des bassins où frissonnait un tumulte de signes illisibles.

Et, enfin, s'abîma en une descente vertigineuse le septième jet d'eau qui s'élevait à l'extrémité des berges contre un arceau de verdures humides et noires, et le prince Sparyanthis, levant les yeux, vit Alilat qui l'attendait avec le geste du silence.

Comme il faisait tout à fait nuit sous la voûte, il ne voyait d'elle que la blancheur de ses bras nus qui brillaient. Taciturnes, ils commirent le sacrilège.

Leurs amours furent d'abord celles de bêtes inconscientes, acharnées, hâtives comme si toute parole eût dû s'achever en morsure, plutôt que de toucher à la raison secrète de leur contact.

D'un seul sursaut remonta dans Sparyanthis le flot des voluptés délaissées, avec une fureur d'écume brisée contre cette indicible langueur pâle du corps d'Alilat abandonné dans les ténèbres. C'était un remous infinissable et sinueusement obstiné, dénoué par son expiration même et reformé vers le point central de cette bouche sombre, vers la lueur jumelle de ces longs yeux emplis d'une eau glacée et verte, insondable, introublable, exempte de larmes et de brumes. Jamais Sparyanthis, jusqu'alors maître de son plaisir, le dosant avec la science réfléchie d'un artiste, le relevant d'un certain goût de dédain et d'insouciance, n'avait éprouvé les

délices de cette défaite totale de soi, de ce désagrégement
de tout l'être dans la stupeur exquise du crime consenti,
de cette diffusion progressive de la volonté et des sens
dans une sorte de tiédeur semblable à celle des poisons
anesthésiques.

Dans les bras d'Alilat, Sparyanthis devenait pareil
à l'homme qui ayant bu la ciguë, s'étend pour mourir
et peu à peu ne sent plus sa couche, croit planer,
s'endort entre terre et ciel.

Ils se rejoignaient dans les bosquets, durant les
lentes après-midi mornes, pendant que Cimmérion
chassait ou visitait les camps qui entouraient la ville.
Leurs entrevues furent aisées, car Cimmérion, incapable
de se défier de son frère, favorisait plutôt ses relations
avec son épouse. Il souhaitait qu'ils ne fussent point
ennemis et voyait en cette union amicale un moyen
d'arracher Sparyanthis à sa vie de voluptés énervantes,
qu'il blâmait en secret. Le jeune prince était devenu
si faible et si indolent que Cimmérion s'en était effrayé.
C'était, entre eux, et d'ailleurs selon la coutume dynas-
tique, un principe absolu que le respect de la liberté
réciproque entre les princes étésiens : toujours le
violent génie de leur lignée s'était manifesté sous la
double forme de la guerre et de la débauche raffinée.
Mais l'amour de Cimmérion vit en Alilat, si sage et si
hautaine, l'occasion pour Sparyanthis de repos et d'entre-

tions apaisants, et bien qu'ils feignissent la froideur et presque l'aversion, aux heures de réunion commune, afin d'écarter ses soupçons, cette précaution engagea Cimmérion à les rapprocher davantage. Il en pria même Alilat, qui se garda de le dire à Sparyanthis, l'idée d'un péril possible pouvant contribuer à irriter ses désirs et son caprice. Ils se virent donc à l'aise, et une vie fiévreuse se déroula.

Ils congédiaient les esclaves, et goûtaient ensemble le froid des ombres, la caresse glauque des roseaux, le mystère des halliers, où la changeante maîtresse semblait une nymphe surprise, ou un jeune chasseur au visage altier emportant comme une proie impudique le corps pliant de l'adolescent aux yeux fardés. Elle était variée, souple d'âme comme de chair, illuminée de joie et de vengeance. A certaines heures, ils s'enfermèrent dans des antres de rochers où nue, bestiale, dépouillant tout artifice de toilette, tout joyau, sa

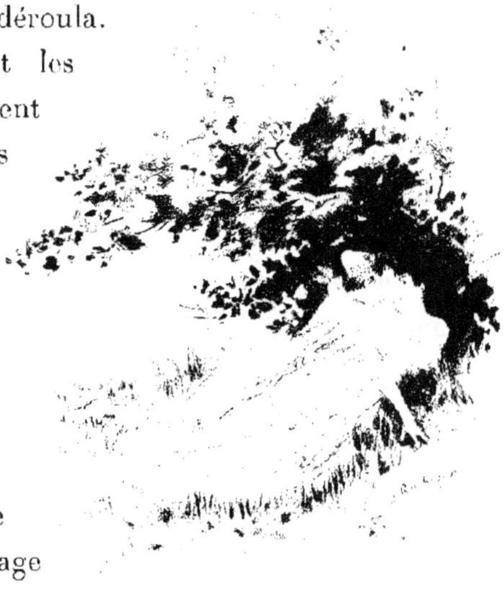

chevelure teinte de poudres rouges croulant comme une
crinière sur sa chair vibrante, l'amoureuse, avec des
cris et des paroles achevées en râles, s'offrait cynique
et presque effroyable. Puis elle défendait à Sparyanthis
de la saisir, lui donnait rendez-vous en quelque autre
détour. Et il l'y retrouvait coiffée de la tiare, ruisselante
de gemmes, assise parmi ses suivantes, avec un sourire
de dignité, et son âme toute chaude au souvenir des
torsions de la satyresse s'aiguisait douloureusement sur
la pierre froide de cet ironique contraste.

Alilat souvent le surprit, glissée au silence spacieux
des portiques loin de la couche du porte-glaive, ombre
hantant les vestibules et posant aux lèvres des soldats
éveillés par son frôlement, avant qu'ils eussent fait
cliqueter leurs armes, la fleur odorante qui était son
signe spécial et qu'allongeait prestement son bras blanc.
Elle disparaissait, et l'homme d'armes renversait contre
la muraille sa tête casquée de cuir, en souriant avec
l'indifférence du servage. Nul, devant ce signe convenu,
n'eût songé à parler, la personne princière étant l'image
elle-même de la mort, c'est-à-dire de la toute-puissance.
Alilat parvenait jusqu'aux appartements de Sparyanthis.
Les tentures de soie se soulevaient, il tressaillait,
apercevait une mince forme de femme modelée dans un
vêtement d'esclave, et refermait les yeux. Mais alors
l'esclave l'embrassait violemment aux lèvres, et c'était

Alilat. D'autres fois, comme il passait dans une galerie,
un jeune archer immobile mettait tout à coup sa main
sur son bras. Il se cambrait, surpris, reconnaissait le
double lac verdâtre des yeux inimitables, et rentrait dans
son appartement où, rieuse, jetant l'arc et les faisceaux
de flèches à plumes bleues, l'amante le saisissait avec
l'audace d'un vélite courbant à son désir une molle
Syrienne conquise. Et d'autres fois, alors qu'il songeait
parmi ses instruments magiques, amas d'une science
étrange, tables de granit noir, miroirs convexes, fioles
de sang, armatures d'airain surélevant des globes où se
réfléchissaient les étoiles, un mage muet entrait, et
traçait sur le sol, à la pointe de sa baguette, l'hiéro-
glyphe qui signifie l'union des contraires. Alors, en
frémissant, Sparyanthis, sous le bandeau constellé et la
barbe postiche, discernait les yeux et les lèvres d'Alilat,
dont les seins surgissaient sous la robe écartée. Ainsi
elle se mêlait à toute sa vie, et tour à tour princesse,
esclave, magicienne, prostituée, elle lui représentait les
images principales auxquelles sa fantaisie corrompue
avait toujours limité le monde.

Mais bientôt elle incarna pour l'anxiété et la stupeur
de Sparyanthis un autre personnage. Elle fut presque
maternelle. Dans l'excessive tension nerveuse de son
plaisir, il s'abattait la face sur son lit, pleurant, et parfois se relevait hagard, songeant à son frère trahi, à leurs

jeux enfantins, à leur amitié ancienne, à leurs mu-
tuelles pensées, et la haine de l'enchanteresse lui revenait, c'était encore un surcroît de volupté, le goût du
remords était un arome suprême, mêlé à l'amertume des
larmes qui coulaient sur ses lèvres. Alors Alilat le
prenait dans ses bras et le berçait en chantant bas
d'étranges mélodies qui le pénétraient de douceur et de
crainte. Chaste, sans parfums, sévère en ses robes fer-
mées, elle évoquait les gestes de la puérilité à cet adolescent trop tôt initié à la science et à la luxure, élevé
par des esclaves, n'ayant jamais connu la princesse sa
mère, morte en l'enfantant si débile qu'on n'espérait
point sa survie. Alilat savait calmer ces rébellions
d'âme, écarter les remords, mais le lendemain elle les
ravivait, redevenue courtisane et adultère. Au réveil,

après un long engourdissement, Sparyanthis revoyait le jour en ne demandant qu'à prolonger l'illusion de l'innocence, l'oubli du crime. Alilat le faisait chercher, et au lieu de retrouver l'amante maternelle et douce, il rejoignait une maîtresse capricieuse offrant à sa fatigue, parmi les musiques et les fumées de parfums violents, l'ingénieux assemblage de nouvelles nudités groupées avec perversion parmi les chants, les rires, les fracas de festins, et la langoureuse ardeur du soleil, des fleurs, des chairs et des sonorités rendait à l'inquiet jeune homme son âme lascive et mauvaise un instant bannie.

Alilat jouissait silencieusement de son triomphe.

Et peu à peu son âme, corrosive et toute-puissante, décomposait celle de Sparyanthis. Par elle était vengée au sein même du plaisir l'insulte faite à sa race. Les deux frères dissociés, l'un trahi, l'autre dompté, c'était son œuvre ; elle éprouvait une exaltation infinie à penser que pour cette œuvre il lui avait suffi de l'amour, de ce sentiment extraordinaire qui résume le monde, et met au centre de toutes choses la femme inconsciente et tranquille. En satisfaisant son désir, elle satisfaisait sa rancune ; l'aimé était l'ennemi, le cycle était fermé, et de toutes les tortures de Sparyanthis se nourrissaient ses joies, et en le voyant souffrir, elle ne souffrait pas, bien qu'elle l'aimât, car elle savait que l'amour et la souffrance

sont les deux visages de la passion, nécessaires, indisso-
ciables. C'était l'Étésie tout entière qu'elle avilissait,
l'Étésie qui avait incendié sa capitale, assassiné ses
frères, dispersé ses richesses, saisi sa personne, et
qu'elle dominait maintenant du haut des sept terrasses
du colossal palais-citadelle, en attendant de la conduire
à des destinées que réglerait son génie néfaste, soit
qu'elle en usurpât pour elle seule le trône, soit qu'é-
prise de la vie magique dans la solitude de ses déserts
d'Orient, elle créât un colossal cataclysme et s'enfuît
sous la mante grossière d'une femme du peuple, à la
faveur de l'épouvante, en riant sous son voile. Alors
l'accueilleraient, par delà les montagnes sauvages, après
bien des jours et des nuits d'exode, les communautés
de mages qui décrètent les destinées magnétiques du
monde sur les plateaux d'où descendit la première
humanité. Reine, elle y vivrait heureuse, jusqu'au jour
de la réunion avec les harmonies qui frôlent la terre et
emportent les êtres dans les sphères de cristal et de feu
où se refondent les incarnations futures.

Ces rêves occupaient Alilat. Elle régna sans con-
teste sur l'esprit de Cimmérion. Sa parole dans les
conseils se révéla d'une sagesse profonde et prévalut :
incliné devant sa pensée qui complétait celle de son
frère, le conquérant adora son beau corps qui facile-
ment feignit l'enthousiasme pour sa force. Aux heures

où Sparyanthis se reprochait la trahison. Alilat savait.
d'un regard, faire naître en sa présence sur le visage
de Cimmérion la convoitise. Une fois elle se fit sur-
prendre, demi-nue, au bras du maître. Sparyanthis
s'échappa, elle ne le revit pas de tout un jour, sachant
qu'il souffrait, et le lendemain ce fut lui qui revint, pâle
et ardent. Le germe de haine était entré en lui pour son
frère. Il se glissa parmi les gardes endormis. Les torchères presque consumées jetaient des lueurs sinistres,
inégales, rayant les grands pans d'ombre des galeries,
faisant briller à terre, parmi les tapis et les nattes, des
coins de boucliers, des cimiers, des pointes de glaives,
et parfois une clarté brusque révélait une chevelure
de femme, un sein blanc, une épaule, une hanche
ronde, doucement luisante, froissée contre une ceinture
de guerre. Car les esclaves, la nuit, rejoignaient les
archers et les hoplites, sournoisement. L'effrayante
volupté du palais avait fini par détruire les anciennes
disciplines, une suggestion d'orgie rôdait dans le vaste
domaine, et la lourdeur de la volupté chaleureuse amol-
lissait les hommes. Des soupirs, des balbutiements
vivaient dans les ténèbres. Des monceaux de coussins
gardaient des formes de corps. Sparyanthis furieux et
éperdu, nu sous sa chlamyde, ayant jeté ses sandales,
avança parmi tous ces êtres prostrés, jusqu'à l'appartement d'Alilat, sans même penser que son frère pour-

rait y être, son frère maintenant exécré, dont l'image luxurieuse, congestionnée de brutalité, de force, de désir, luisait dans sa mémoire et amenait à ses lèvres un cri de meurtre. Il écarta violemment les tapisseries. Une petite lampe éclairait à peine la retraite. A terre gisaient des parures brisées qui meurtrirent ses talons, des robes déchirées semblaient des cadavres, et il entendit un léger bruit de sanglots.

Alilat, étendue, cachant sa tête dans ses mains et dans sa vaste chevelure, gisait comme une esclave insultée, dans le désordre. Il lui saisit les poignets, rejeta ses boucles, et la força de le regarder. Alors il lui vit une expression si sauvage qu'il eut peur, et elle le repoussa d'un geste si furieux qu'il chancela, suppliant et fou.

« Pourquoi n'être pas venue? dit-il. J'aurais tout bravé pour te rejoindre ce soir, et mon frère lui-même...

— Je ne viendrai plus, je ne viendrai jamais, dit Alilat à voix basse. O lâche! lâche! Comment me laisseras-tu la honte de te dire que je suis écœurée des baisers de ton frère? Comment ai-je pu t'aimer, toi qui m'y abandonnes? Comment ai-je été assez folle pour obéir aux destins ironiques, venir à toi en rêve, subir pour toi l'outrage de l'exil au lieu de périr dans l'incendie de ma capitale, croire que tu m'aimerais? Plus vil que les complaisants des bouges, plus indigne de l'amour que le dernier de tes esclaves, tu t'es joué de moi : ton égoïste débauche m'accepta pour passe-temps, et que t'importait la profanation quotidienne de ton frère, souillant ce corps que je t'avais destiné? Enfant corrompu et lâche, vicié par les caresses des mercenaires, pouvais-tu comprendre la grandeur de mon rêve, t'unir à moi, prévaloir par la force? Tu as préféré te mentir à toi-même en invoquant un amour fraternel auquel tu ne crois plus, assez ennemi pour trahir, pas assez pour me reprendre! Crois-tu que je te redoute? Quand bien même tu appellerais ici les gardes. et quand même ton frère à ta voix paraîtrait pour me tuer, que m'importe la vie? Dans la mort je ne serai plus votre double jouet, et j'oublierai du moins que je t'avais aimé! »

Sparyanthis, éperdu, essayait de l'étreindre, mais elle l'écartait, continuait, secouée de spasmes :

« Oui, je t'avais aimé, parce que tu avais comme moi le secret des sciences qui mènent les foules, la connaissance des fluides et des nombres, l'amour de l'inconnu céleste! Et je venais vers toi confiante, et lorsque de ma litière j'aperçus à la limite du soleil ta forme d'or comme une étoile arrêtée, je sus que c'était toi et nul autre, et je t'eusse reconnu entre dix mille pareils à toi, et mon âme et ma chair tressaillirent, et sans même apercevoir le soldat qui, chevauchant à ma droite, me ramenait captive et me destinait au dérisoire honneur nuptial, je respirai et me crus libre, heureuse ! Mais maintenant, il faut que, me bornant à ma triste vie, violée, raillée, prisonnière d'un ennui doré, enviant la vie des filles de tes montagnes, je me meure en ce palais en me refusant du moins à toi, fidèle à ce frère que tu aimes tant ! — O lâche ! lâche !

— Je hais Cimmérion, dit Sparyanthis pâle.

— Tu mens !

— Je hais mon frère ! O Alilat, je le hais. Quelque chose en moi se brise. Comme le reflet du soleil, colonne d'or et de cristal, se réfléchit dans les replis d'une eau noire, ainsi s'élève au gouffre de ma mélancolie ancienne ton image, colonne de joie, lumière et chaleur, vin de la vie ! Je hais celui qui te touche, j'ai connu par toi l'amour qui cède et qui supporte, j'ai banni la volonté dans le désir, et que m'importe mon royaume, factice comme l'âme que tu m'as arrachée !

— Si tu hais ton frère, alors, qu'il meure ! » dit lentement Alilat en mettant dans ce mot l'enjeu de toute sa vie. Sparyanthis tressaillit et elle crut qu'il allait mourir. Mais il se redressa et murmura :

« Si tu veux.

— Il faut que tu le veuilles !

— Je le veux... non, Alilat, c'est mon frère !

— Alors va-t'en, ou je l'appelle moi-même ! »

Sparyanthis frémit encore. Elle se tenait debout, défaite comme une adultère surprise, le bravant, la face tournée vers l'issue qui conduisait aux appartements du prince Cimmérion.

« Va-t'en ! ou d'un seul cri je le suscite, et je t'échappe ! »

Il fit deux pas, puis inclinant la tête, il acquiesça en silence. Elle l'étreignit, mais un bruit se fit entendre dans le vestibule. Ils restèrent enlacés, sans un souffle. On entendit la voix d'un garde balbutier dans un rêve, puis un baiser, un froissement de soies et de métal. Tout se tut. Alilat jeta une robe de femme sur les épaules de Sparyanthis, et il s'enfuit dans l'obscurité, échappant à la maladroite étreinte d'un soldat ensommeillé, qui crut voir une suivante et las se rendormit après avoir essayé de saisir au passage un pan de ses voiles. Il se retrouva dans la nuit claire, une ombre féminine remuant derrière ses pas. Les étoiles fixes, le froid lui parurent des choses nouvelles : et une grande délivrance se leva en lui, née de l'acceptation du crime. La ville dormait dans un enchantement bleuâtre, et en pensant à la stupeur qui saisirait l'Étésie, l'adolescent vêtu comme une jeune fille sourit avec une ironie presque heureuse.

De la promesse, Alilat ne reparla pas. Il sembla qu'elle l'eût oubliée. De longs jours passèrent. Leurs plaisirs furent doux et appropriés au printemps. Si Sparyanthis tentait une allusion à cette terrible nuit, Alilat en se jouant lui posait une rose sur la bouche.

Un soir qu'il se reposait avec elle, en compagnie de Cimmérion, dans une des salles du palais, il crut remarquer que son frère était pâle et respirait avec effort. Son regard clair était voilé fugitivement, et il y avait dans tout cet organisme puissant et naïf une sorte d'étonnement pénible, une surprise muette, une lenteur. Sparyanthis regarda la princesse. Pure et pâle, elle respirait des fleurs et souriait. La douceur de la soirée était exquise. Plus tôt que de coutume, Cimmérion se leva et embrassa son frère qui le vit s'éloigner avec Alilat.

Le jour suivant, comme Cimmérion partait pour la chasse et comme Sparyanthis se trouvait auprès de lui. le prince se plaignit d'un malaise et sourit :

« Je regrette la guerre, dit-il. La paix et l'amour énervent le corps et indisposent l'esprit de l'homme habitué aux camps. »

Il s'éloigna, parmi ses chiens et ses valets. Lorsqu'il revint, il parut courbé et triste, sans comprendre pourquoi. D'autres jours passèrent. Sparyanthis trembla qu'il n'eût deviné l'adultère, et interrogea Alilat ; mais celle-ci souriait en éludant toute question. Il s'en irrita. Singulièrement soulagé depuis sa résolution au crime, ne vivant plus que pour deux ou trois sentiments, à la fois fortifié et miné par une idée fixe, Sparyanthis, pour la première fois, comptait les heures et désirait agir. Enfin une après-midi d'orage, comme il se rendait à l'appartement de son frère, il apprit d'un capitaine que le prince était souffrant. Il vit Cimmérion, décoloré, amaigri, gisant sur une estrade.

Devant lui des serviteurs alignaient des trophées d'armes conquises, des étendards, des enseignes.

« Je me distrais dans la paix, dit Cimmérion, en regardant ces armes que j'ai arrachées à des guerriers valeureux, au grand soleil, au grand vent poussiéreux des batailles, alors que sous les pieds des chevaux furieux le sol est une tempête. Je ressens quelque chose qui ressemble à de l'ennui. Pourtant l'Étésie a soif de calme, et je n'ai pas à mener ses fils à la mort. »

Son visage était grave, et moins brutal que d'habitude. Il considérait avec douceur et attention celui de Sparyanthis qui se troublait. A ce moment Alilat parut et dit :

« Pourquoi, Seigneur, n'entreprendriez-vous point quelque conquête nouvelle? Seule la cuirasse est assez légère pour votre poitrine, les dalmatiques de soie lui pèsent, et l'ennui est un oiseau noir. Vos cavaleries sont prêtes, dans vos camps les catapultes et les onagres, rouillant leurs ferrures, attendent. Quel que soit notre déplaisir à tous, pourquoi ne pas partir vers une conquête nouvelle?

— Je ne saurais où tourner mes armes, dit Cimmérion. Et je n'ai pas de conquête plus belle que la vôtre et celle de mon frère. »

Sparyanthis tressaillit parce que le regard de Cimmérion s'était encore fixé sur le sien. Il ne fut rien dit de plus ce jour-là.

Avec les heures s'aggrava la mélancolie du prince aîné. Il semblait songer, touché par un mal inconnu. Il disait des choses qu'il n'eût jamais pensées auparavant.

Sparyanthis résolut d'en finir, parce que la douceur de son frère exaspérait sa haine en lui rappelant une ancienne amitié dont il ne voulait plus se souvenir. Alilat restait impénétrable. Une nuit, il se leva pour la rejoindre. Ils en étaient venus tous deux à ne plus même se soucier d'être découverts, et dans l'atmosphère de folie lubrique qui avait gagné le palais tout entier, ils se réunissaient sans que personne y prît garde. Il se glissa jusqu'à la chambre d'Alilat, elle n'y était pas. Il saisit un poignard et s'avança vers l'appartement de son frère. Mais ce qu'il vit le glaça. Car tandis que Cimmérion dormait, soupirant, fiévreux, la princesse debout auprès de lui, les bras étendus, semblait l'environner de signes étranges. Il reconnut les gestes qui appellent l'invincible mort autour des êtres, et qui rendent tout-puissants ceux qui les connaissent. Au bout de quelques instants, Alilat sortit légèrement par une porte opposée. Résolu, Sparyanthis la suivit. Il pensait

qu'elle allait le rejoindre, mais au moment de lui parler, il vit qu'elle se dirigeait vers une autre partie des jardins. Étonné, il se glissa derrière ses pas, leurs formes noires frôlèrent des feuillages, descendirent des escaliers, gagnèrent le centre des terrasses qui s'évidaient intérieurement, en sorte que le colossal palais était surélevé comme un puits autour d'un gouffre. Alors Sparyanthis comprit qu'Alilat se dirigeait vers l'abîme mystérieux où l'on pouvait voir se refléter l'eau brûlante des enfers. Les anciens rois étésiens l'avaient entouré d'une enceinte de murailles épaisses et progressivement s'étaient étagés alentour de ce cratère les dômes, les jardins suspendus, les sept régions de palais de granit accumulés par leurs orgueilleuses descendances. Jamais Sparyanthis n'y était descendu, car les sciences du ciel l'occupaient tout entier, et personne n'en approchait. Il ne concevait même pas comment Alilat pouvait en soupçonner l'existence. Cependant elle y allait sans hésiter, et bientôt ils parvinrent jusqu'à la lueur rougeâtre et au souffle sulfureux et chaud qui décelaient l'orée de cette crypte infernale. En se penchant, on pouvait voir aux parois rouges se dessiner de changeantes ombres noires, les ombres elles-mêmes des flammes géantes qui bruissaient comme un fleuve au lit sinistre de la terre secrète. Le premier roi de l'Étésie s'y était précipité en victime expiatoire pour sauver la ville assiégée, et de la grande déroute obtenue le lendemain par ce sacrifice datait le début d'une ère ininterrompue de conquêtes et de puissances. Alilat parut, au reflet effrayant, illuminée d'un sourire énigmatique et terrible.

Sparyanthis l'observait dans l'ombre. Elle cria trois fois, d'une grande voix sourde qu'il ne reconnut pas :

« Athana ! O fée Athana ! O puissante fée Athana, viens ! »

Alors une douceur soudaine apaisa la rumeur grondante du feu et la couleur des flammes devint rose, puis jaune, puis verte, puis bleuâtre, et la pointe d'une flamme plus grande émergea et dessina peu à peu la forme oscillante d'une apparition azurée qui prit un corps, un visage, des bras, et ces bras se tendirent vers ceux d'Alilat.

« O fée Athana ! fille du feu, ma sœur, dit Alilat, je reviens à toi comme à la reine de ma race, celle qui règne sur les soleils intérieurs de ma patrie chaleureuse dont les hommes étrangers ne reconnaissent que les soleils visibles ! A toutes les ouvertures de la terre primitive sont dressés tes autels. Toute vérité est en toi, et non au firmament qu'on adore en ce pays d'exil où mon culte t'appelle. Car j'ai su les arcanes du feu et je suis une fille de l'Orient ! J'ai besoin de toi pour mon

œuvre, ô Athana ! j'aime une vengeance et je venge un amour, ô Athana ! »

La fée silencieuse tenait ses mains élevées, sans répondre. Alilat, dénouant son collier de pierreries, le lui tendit :

« O Athana ! dit-elle, touche ces pierres nées de toi, jaillies de la fournaise où tu vis, et communique-leur ton pouvoir de destruction et de mort ; empoisonne mes saphirs et mes diamants, enlace le trépas dévorant à mes bracelets, afin qu'ils deviennent gouttes et signes de feu pour brûler la poitrine et dessécher la vie de l'homme qui me serre contre lui alors que derrière mon sourire mon âme le hait ! Donne-moi le feu, Athana, pour que meure le prince Cimmérion ! »

La grande forme de flamme bleuâtre vacillait et touchait une à une les pierreries suspendues aux doigts d'Alilat, et c'était comme si la statue de la nuit eût versé à l'enfer les étoiles de tout un ciel ! Sparyanthis, éperdu, écoutait ce dialogue de deux fées, et l'étincelant écheveau de joyaux brûlant dans cette conjuration infernale, c'était la vie même de Cimmérion ! Une horreur sacrée l'étreignait au cœur. Brusque, il bondit vers Alilat, lorsque la fée Athana eut disparu dans les entrailles du sol.

« Que fais-tu ?

— J'agis, je décide.

— Ainsi, le poison...

— Crois-tu, dit Alilat, que cet homme, depuis ta promesse, m'ait touchée une seule fois sans que je lui aie versé la mort? Par le contact de mes pierreries, le feu anéantissant l'assaille. Au reste, je lui donne la mort qui lui plaît : sache, ajouta-t-elle avec un sourire amer, qu'il me préfère nue et parée de mes joyaux. Mes colliers se pressent sur sa poitrine, et à mes bras croisés sur sa nuque, mes bracelets, de leur éclat vénéneux, distillent en son cerveau l'ivresse mortelle qu'il prend pour celle de l'amour. Tu m'as suivie, Sparyanthis, maintenant tu sais pourquoi ton frère est pâle et pourquoi il dépérit.

— Je préférais le poignard, dit sourdement Sparyanthis.

— Ta main est faible. Et pourquoi, dit Alilat avec douceur, pourquoi serait-il nécessaire qu'il sût l'approche de la mort? Il suffit que nous la sachions. »

Mystérieuse elle souriait, fatale et logique ; à ses yeux restait un reflet du gouffre évoqué. Ils remontèrent les avenues nocturnes.

Désormais s'anémia Cimmérion, touché d'un mal inconnu. La ville anxieuse le sut et souffrit. Le palais fut morne, les fleurs fanées aux trophées pendirent, la rouille rongea les armures des vestibules. Les esclaves, sous des voiles, obstinément dérobèrent leurs nudités refusées. Il n'y eut plus de fêtes aux vasques versicolores, les jets d'eau moururent sans bruit dans l'oubli. Une pâleur régna sur l'Étésie.

Dans la consommation du crime s'écoulèrent les jours. A présent, Cimmérion ne vivait plus que par une joie, celle de posséder Alilat, qui s'offrait à lui parée de toutes ses gemmes, froissées à la poitrine du guerrier lassé. De toutes ses gemmes naissait un maléfice : les rubis décoloraient le sang, les saphirs et les améthystes pâlissaient les veines, les diamants ternissaient l'éclat des yeux, les calcédoines et les topazes fanaient les chairs, et tout ce qu'avait touché Athana donnait la mort à l'homme ébloui de sa somptueuse épouse. Le poison des pierreries transsudait, la vie de Cimmérion enrichissait les minéraux fatidiques. Les nuits, tandis que le prince Cimmérion dormait, baigné d'une sueur dont chaque goutte était une perle de collier, Alilat rejoignait Sparyanthis, elle détachait les agrafes d'or des parures et son amant la possédait riche de sa seule chair pâle.

Mais cette chair était par elle-même le poison irrémédiable pour le prince épuisé qui passait les jours dans de mornes attitudes, avec l'immense stupeur de sentir

sa force se fondre. Sparyanthis. sans pensée précise,
observait le progrès du mal.

Lui-même s'épuisait, miné par le remords, la haine.
l'insouci des destinées; ses tables astrologiques, ses
sphères de cristal gisaient. poussiéreuses ou brisées.
aux plates-formes où il ne montait plus. Partout sa main
lasse traçait machinalement le signe de la confusion, les
étoiles à pointes brisées et enchevêtrées. Il les dessinait
dans le sable. sur les tentures : il chassa ses mages, les
envoya en exil parmi les bouviers de la montagne.
Il devint très faible. soutenu par une seule idée.
l'étude de l'agonie fraternelle. Un sinistre idéal l'ob-
séda. bu par toute la perverse avidité de son âme.
née pour toutes les décadences. Il rêva l'extinction
de la race, la chute d'un peuple accompagnant au
tombeau les derniers princes étésiens et s'ensevelissant
avec eux. Le peuple ignorant regardait le colossal
palais dressé sur un mont au milieu de la capitale,
temple de la force, où s'évanouissaient deux êtres
sous la volonté d'un troisième, avec solennité, dans le
silence.

Cimmérion, résigné, songeait. Ses pensées se mo-
difiaient. La maladie créait en lui une âme nouvelle, il
s'ouvrait à des délicatesses ignorées jusqu'alors, à des
douceurs qui n'avaient jamais effleuré son esprit. On
eût dit qu'avec le poison sécrété par les pierreries de

la criminelle Alilat, la mort faisait pénétrer en lui des sentiments aussi purs, aussi incorruptibles que leurs feux.

Et il continuait à exiger d'Alilat qu'elle reposât sur sa poitrine, parée, alourdie de toutes ces gemmes. Seulement ainsi, il pouvait dormir, baigné d'une moiteur délicieuse qui était déjà le néant, et qu'il prenait pour le calme. Ces sommeils, aimés comme des bienfaits, le laissaient chaque jour plus épuisé dans son âme et plus lucide dans la divination d'un monde moral que sa fruste violence d'homme
de guerre n'avait ja-

mais entrevu. Un Cimmérion futur, astral, épuré, naissait de ce vaste corps brun qui gisait paisible, repoussant doucement les baumes inutiles que lui offraient les médecins. Il avait fait apporter devant lui son armure, et, dressée sur un mannequin, elle semblait son ombre projetée. Il regardait avec un sourire pâle ce spectre d'airain, d'or et de cuir, impénétrable aux chocs extérieurs, vide et mort au dedans, et ce lui semblait être l'image elle-même de ce Cimmérion qu'il avait été, insouciant, téméraire, vide de toute âme, étranger à tout sauf à l'instinct. Il s'éloignait avec chaque heure de ce vain portrait de lui-même, pénétré d'un détachement qui surpassait en plaisir tout ce qu'il avait cru jusqu'alors connaître du plaisir de vivre, et lorsqu'un familier pensant le distraire de son angoisse de malade entreprenait de lui conter quelque récit de combat, d'un geste simple il le conviait au silence.

Une force surhumaine contraignait Sparyanthis à épier, sans se permettre une absence, les phases de ce dépérissement étrange, et aussi la floraison de cette âme nouvelle qui l'étonnait. A certaines réflexions de Cimmérion, il mesurait l'écart immensément grandissant de l'homme qu'il avait haï à l'homme qu'il avait aimé, et cependant ni l'un ni l'autre n'étaient devant lui, mais un troisième, dont il ne savait que penser. Il restait, durant les lentes journées, à demi couché dans la chambre de son frère, malade de haine, d'inquiétude et d'ennui. Le regard de Cimmérion s'attachait à lui avec fixité, puis se reportait sur Alilat. Bientôt Sparyanthis ne douta plus qu'un secret s'élaborât entre eux trois dans la morne interrogation de ce regard déjà vitreux.

Cimmérion taisait quelque chose, une chose dont il ne voulait pas parler, une chose qui voulait être dite et avec laquelle il luttait.

Ses lèvres remuaient, puis son visage redevenait fixe et semblait de quelqu'un qui attend une autre heure, et il y avait des moments où Sparyanthis se roidissait, prêt à se lever, à interroger, à dire tout haut le crime, pour en finir avec cet intolérable supplice du silence !

Enfin, une faiblesse si grande saisit Cimmérion, qu'il parut près de mourir. Et Alilat à son chevet debout, parée selon son désir, scintillante de joyaux, blanche, immuable, semblait déjà son âme au-dessus de lui suspendue. Le prince mourant écarta les gardes et les dignitaires, et tendit la main à Sparyanthis.

« O mon frère ! dit-il avec douceur, je vais m'éteindre. Tu es frêle. Le sort de l'Étésie se voile, un nuage éternel va dévorer notre soleil ancien, et ici peut-être se suspendra la vaste lignée des hommes qui édifièrent ce palais autour d'un gouffre inconnu, insondable : c'est pourquoi je dois te parler, ô mon frère, en présence de cette femme qui est là. Les minutes, couleur de la nuit, m'environnent comme autant de mouches avides. Je n'ai pas peur. Je ne mourrai pas comme je l'avais rêvé, mon cœur ouvrant une large issue au glaive ou à la lance, et je ne reviendrai pas dans le remous de la bataille, étendu sur mon bouclier royal, soulevé par mes soldats au sein des foules sanglantes comme un navire ballotté par l'orage sur la phosphorescence de la mer furieuse ; mon sort est égal à ma patience, et des pensées nouvelles sont nées en moi depuis que je languis. O Sparyanthis ! et toi, Alilat, que j'ai soustraite au massacre et conduite avec honneur dans ma couche, ne dérobez pas au mien votre double regard, écoutez-moi, car je sais votre secret.

— Tu le sais ! cria Sparyanthis épouvanté.

— Et pourquoi, dit Cimmérion en souriant tristement, pourquoi ne le saurais-je pas ? Je sais que tu aimes Alilat et que tu es aimé d'elle, depuis longtemps, et je n'en suis pas offensé !

— Que veux-tu dire ?

— Je veux dire, ô mon frère Sparyanthis, enfant aimé, douceur, que j'ai pressenti cet amour. Mais pourquoi changer de visage l'un et l'autre et qu'y a-t-il là de coupable et qui doive être caché? Je vais vers un pays où ces choses sont naturelles, justes, bénies par les dieux dont les nôtres peut-être ne sont que les images imparfaites. Donne-moi la main, Sparyanthis, et toi, Alilat, donne-moi la tienne, et qu'en celle-ci, large, et rude encore du pommeau du glaive, je saisisse ces deux fleurs fragiles, cette main de femme et cette main d'enfant, et que je meure en les tenant. Il faut que tu épouses Alilat, ô Sparyanthis! il faut que tu épouses Sparyanthis, ô Alilat! Ma voix s'affaiblit, je m'en vais, appelez mes capitaines, qu'ils sachent ma volonté. Hâtez-vous!... Tous deux m'avez aimé, mais moi j'ai su l'union de vos âmes, peut-être mieux que vous... J'ai attendu l'heure dernière... Sparyanthis, appelle mes capitaines. Et toi, Alilat, viens contre moi, baigne-moi du feu rafraîchissant de tes pierreries... une fois suprême... »

Alilat, impassible, s'approcha.

« Que faites-vous? cria Sparyanthis.

— J'obéis au désir du prince », répondit Alilat en souriant.

Alors une vague surhumaine jaillit dans l'âme de Sparyanthis, un cataclysme sans nom, comme celui de la mer se déversant dans les cryptes secrètes d'un volcan, le secoua, l'irradia, broyant sa haine, son remords, sa vie, son amour fraternel épouvanté du vœu sublime de Cimmérion. Il bondit vers Alilat, la saisit, la rejeta :

« Non ! non ! cria-t-il, tu ne mourras pas contre elle ! Je l'ai possédée, mon frère, ses pierreries empoisonnent, je l'ai su, j'ai laissé faire ! Je t'ai tué ! Tue-moi ! »

Il secouait la grande femme blême accrochée à ses épaules, essayait de tendre un poignard nu au mourant qui, soulevé, hagard, râla :

« Ne la frappe pas ! Je pardonne, épouse-la ! Je t'aime, Sparyanthis, je t'aime. Que personne ne sache... »

En une convulsion suprême, Sparyanthis se jeta sur le corps fraternel, l'embrassa, sentit les deux mains de l'agonisant se poser avec douceur sur sa chevelure ! Mais il sentit une autre main se glisser sur la sienne et essayer de détacher le poignard de ses doigts crispés.

Au même moment, son regard attaché à celui de Cimmérion le vit s'immobiliser, se clore pour jamais. Alors, fou, perdu, avec une violence surhumaine, il ramena d'un coup terrible sa lame dans la direction d'Alilat et l'enfonça dans sa gorge, sans se retourner, comme en rêve.

Un flot de sang le couvrit, il resta couché sur Cimmérion, l'étreignant et sur cette bouche inerte,

ouverte encore pour le pardon, son frénétique amour
en criant sanglota !

Un tumulte d'armes, de clameurs, lui fit enfin
relever la tête. Béants d'épouvante, les gardes, les
officiers, les esclaves accourus n'osaient s'approcher
du lit royal au pied duquel le regard halluciné de Sparyanthis vit le cadavre d'Alilat étendu dans sa robe
écarlate, étincelant de pierreries, baignant dans la splendeur sinistre du sang rouge.

Une force inespérée le soutint. Il se dressa, et d'une
voix éclatante, s'adressant à la foule :

« Le prince est mort, dit-il, seul reste devant vous
votre prince Sparyanthis, maître des destins de l'Étésie.
J'ai puni cette meurtrière, esclave hypocrite à qui est
due la mort de mon frère bien-aimé. Pour moi, j'ai
peu d'instants à vivre. Que votre force vous guide, ici
sont des chefs fidèles que les conseils du prince Cimmérion instruisirent de leur devoir. Obéissez ! Que les
joyaux qui couvrent ce corps sacrilège soient arrachés
de son cou et de ses bras, et qu'on m'en revête, car
il faut que je les porte sur moi quelque temps.
Lorsque ce cadavre impur sera dénudé, qu'on l'enlève
de cette salle et qu'il soit jeté au gouffre où l'on jette
ceux des criminels. Hâtez-vous ! »

Il ordonnait, roidi, farouche. Alors les esclaves
tremblantes le parèrent des bijoux empoisonnés, et avec

un sourire étrangement doux, il les baisait et les pressait sur sa chair pour s'en mieux imprégner. Il redevint l'idole pâle, mouillée d'une rosée de pierreries, dont la débauche avait jadis étonné le vaste palais et soufflé la flamme de luxure dans les veines de tout un peuple. Il s'avança, suivi du cortège, et il commença de parcourir les avenues et les bosquets où s'étaient déroulées les phases de son enfance et de son adolescence. Il revit la pièce d'eau auprès de laquelle Alilat était venue le trouver, et ordonna qu'on la desséchât. Puis il vint au ténébreux arceau de verdure où le crime initial s'était commis, et commanda qu'il fût jeté à bas et qu'on y édifiât un mausolée noir. Enfin il se dirigea vers les terrasses inférieures, et tout en marchant il dictait aux dignitaires l'ordre des funérailles de Cimmérion, des mesures urgentes, des édits, avec une voix autoritaire et froide qui surprenait par la majesté. Il descendait toujours vers le centre des sept enceintes étagées. A mi-chemin il chancela, mais appuyé aux épaules des gardes il continua. Glacés de crainte, les Étésiens ne savaient où il allait, et tous suivaient dans un grand bruissement d'armes, à travers les feuillées, avec des sanglots et des paroles étouffées.

Enfin le prince Sparyanthis parvint jusqu'au bord de la crypte terrible qui s'ouvrait dans les entrailles de la terre. On distinguait le reflet rougeâtre et on entendait le grondement des eaux infernales. Là, beaucoup des assistants blêmirent, et certains, aux derniers rangs, s'éloignèrent en tâchant de n'être pas aperçus. Car personne jamais n'osait approcher de cette issue environnée d'un silence éternel.

Alors le prince s'avança jusqu'au point extrême où s'étaient jadis posés les pieds d'Alilat et, transfiguré, il ôta son diadème, ses bracelets, ses colliers; par signes, en silence, fermant parfois les yeux, il commandait qu'on l'aidât. A ses mains élevées scintilla une inestimable vague de pierreries qu'il faisait chatoyer au-dessus des lueurs changeantes du gouffre.

« Athana ! cria-t-il. O fée Athana ! O puissante fée Athana, surgis et viens à moi ! »

La foule alors, malgré l'autorité souveraine du prince, recula égarée par la terreur. Car la couleur des flammes devint rose, puis jaune, puis verte, puis bleuâtre, et la pointe d'une flamme plus grande émergea et dessina la forme oscillante d'une apparition azurée qui prit un corps, un visage, des bras...

« Athana ! dit Sparyanthis, voici les joyaux de la fille Alilat, les joyaux de poison. J'y ai joint les rubis d'un sang frais et l'offrande de ma vie dédaigneuse de vivre. Prends ces joyaux, ô fée Athana ! »

Avec un grand cri de joie affreuse, il les laissa tomber dans la grande flamme dansante, et ployant les genoux,

avant qu'on osât le retenir, il ferma les yeux, et se
renversa dans la fournaise insondable qui brusquement
s'éteignit et se referma, tandis que la foule fuyait dans
les feuillages noirs, hagarde, exode de fantômes s'éva-
nouissant dans les ténèbres.

TABLE DES ILLUSTRATIONS

IMPRIMÉ

PAR

PHILIPPE RENOUARD

19, rue des Saints-Pères

PARIS

www.ingramcontent.com/pod-product-compliance
Lightning Source LLC
LaVergne TN
LVHW012214170726
843503LV00005B/2065